CASANOVA

Casanova

pièce en trois actes, en vers,

de Maurice Rostand

a été représenté aux Bouffes-Parisiens

le 22 Février 1919

First published in 1921

This edition published in 2021 by
The Noverre Press
Southwold House
Isington Road
Binsted
Hampshire
GU34 4PH

ISBN 978-1-914311-00-0

Panorama Dramatique

Casanova

décors
et
costumes
par

George Barbier

Aux éditions Lucien Vogel.
24 Rue du Mont-Thabor
Paris

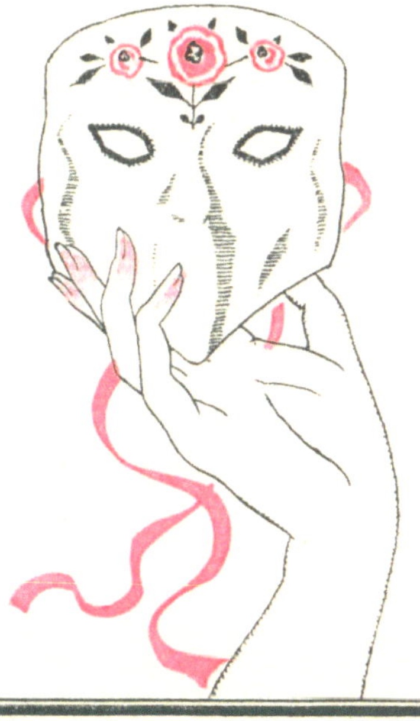

Table

LES PLANCHES DE CE RECUEIL
ONT ÉTÉ COLORIÉES
AU PATRON
PAR JACOMET & CIE.
LE TEXTE EST COMPOSÉ
EN NICOLAS-COCHIN
DE PEIGNOT.
ACHEVÉ D'IMPRIMER
LE 30 AVRIL 1921
SUR LES PRESSES DE STUDIUM.

LE SIEUR CASANOVA, ITALIEN

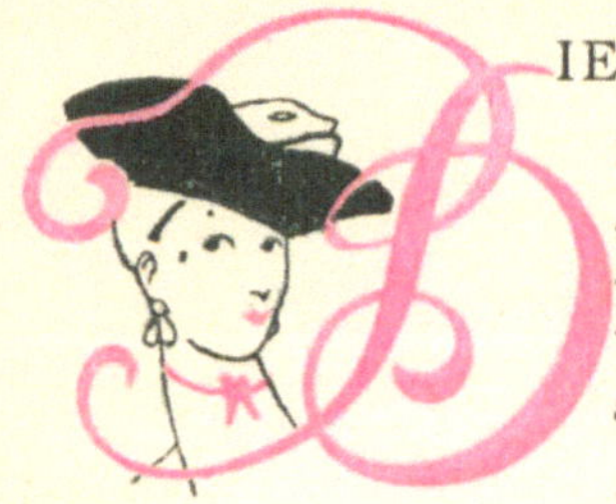

BIEN que déchue de son ancienne grandeur, Venise au XVIIIe siècle nous apparaît entourée d'un prestige singulier, car dans la ville rose au carnaval perpétuel, viennent se réfugier et mourir les royautés déchues, les passions exaspérées, les intrigues subtiles. Le domino et le masque couvrent tout : la rougeur de la jeune amoureuse et les pleurs de l'amante abandonnée, le profil de l'espion et les yeux vifs du joueur trop heureux qui, sur la table du ridotto, cueille les sequins à pleines mains ; la gondole reçoit et berce sous son dôme muet les mourantes amours. Ils sont peints par Tiepolo sur les murs de la villa Valmarana ces masques en *baüte* de taffetas, recouverte de blonde noire, *objet du plus grand luxe de mon temps,* nous dit Casanova, avec leurs figures de carton blanc, pointues comme le museau du renard et percées de deux trous noirs, orbites de la tête de mort. Le Vénitien de l'époque est élégant et un peu macabre, la jambe fine dans le bas à coin d'or, dissimulant dans le manchon un billet parfumé, les mains enfouies dans la dentelle et le visage embusqué sous le loup sempiternel.

Casanova donnant un rendez-vous à quelque *zentildonne* lui indique comme signe de reconnaissance une fleur peinte près de l'œil gauche du masque ; car ces cartonnages étaient peints et celui de la collection Henri Lavedan porte au front un bouquet de roses et aux yeux une ligne de paillettes, dont le scintillement anime les prunelles vides.

Quand j'ai dessiné la mise en scène du Casanova si alerte, si fin, diapré, de Maurice Rostand, j'ai trouvé dans les *Mémoires* les indications les plus précises. Le héros se plaît à décrire, avec une vanité souvent puérile, les ajustements de son bel âge. Un séducteur doit être très élégant, mais notre Italien forçait la note et offensait parfois le bon goût, il nous l'avoue lui-même. *Je fis grande toilette, comme s'il s'agissait de ma présentation à un monarque et j'entrai chez M. de Morosini qui ne put s'empêcher de rire en voyant tous mes frais de costume.* Ailleurs, il raconte : *mon costume trop élégant choquait les yeux de la populace hollandaise, je fus buffonné, sifflé, et voilà la canaille de tous les pays.* On l'imagine assez bien, grand, mince, les yeux brûlants, la mine hardie, l'air d'un More, *habillé de neuf des pieds à la tête, en taffetas puce, avec des bagues à tous les doigts, ses deux montres et sa croix.* Telle était sa tenue pour se présenter devant le roi de Prusse qui daigna honorer d'un sourire un ajustement aussi galant.

Quand un mauvais plaisant le fait choir dans un fossé bourbeux, nous le voyons regretter amèrement *un habit de saison tout neuf brodé en paillettes.* Plus loin, il nous décrit *un habit de velours rose brodé en paillettes d'or,* décidément, il aimait le clinquant et quand le prince de Ligne le rencontra à Dax, mué en précieux ridicule, il arborait aux grands jours les débris de son opulence passée : *son plumet blanc, son droguet doré* (encore), *sa veste en velours noir et ses jarretières à boucles de strass sur des bas de soie à rouleaux,* mais les gens riaient du vieux beau accommodé à la mode du dernier siècle.

Jadis, il quitta le petit collet et s'engagea par amour du costume : *Mon uniforme était blanc, la veste bleue avec un nœud d'épaule or et argent et une dragonne pareille. Ma belle canne à la main, un chapeau bien retapé avec une cocarde noire et une longue queue postiche, je sortis et j'allai faire le tour de la ville.* On le voit étincelant, astiqué, le nez au vent et lorgnant les filles ; le modeste abbé était devenu un beau papillon qui devait chiffonner bien des corolles.

Il aimait les étoffes soyeuses et les couleurs tendres. Nous le voyons choisir *un habit de velours bleu doublé de satin blanc et un second moins grand de velours ras couleur de soufre et doublé en satin de la même couleur.* Il prend aussi *deux belles culottes de velours ras et deux vestes d'étoffes de soie.* Ces beaux vêtements sont destinés à une mascarade, ainsi que *deux robes d'un satin superbe, l'une couleur de feu, l'autre lilas et la troisième de pou de soie à mille raies.* Avec son goût des épithètes superlatives il ajoute glorieusement : *je payai deux cents ducats d'or toute cette marchandise.* Généreux comme un grand seigneur ou comme un fripon, l'argent lui coulait des doigts, de ses doigts prestes, habiles à imiter une signature sur une lettre de change et qui rendaient les cartes obéissantes. Les rouleaux d'or ne lui coûtaient guère. Sa facilité avec les vieilles dames et le million qu'il escamota à la marquise d'Urfé lui servirent à réduire les tendrons dont il était curieux. Il payait *très noblement,* et dresse avec complaisance l'inventaire de ses largesses. C'est la fameuse robe *de gros de Tours ponceau richement garnie de martre zibeline ;* plus loin, nous admirons *une robe de satin perle, garnie de dentelle* et deux autres *moins riches, mais plus brillantes.* La première, *d'un superbe satin à raies vert pomme et rose et garnie de fleurs en plumes du meilleur goût,* la seconde, *également en satin bleu céleste parsemée de bouquets de mille fleurs et garnie en mignonnette à boucles du plus bel effet.* Tout cela nous apparaît charmant et notre aventurier se révèle fin connaisseur en parures. Il aime tout ce qui tinte, reluit, chatoie entre des mains de femmes, contre des gorges et près des bouches ; les éventails de nacre, les portraits entourés de diamants, les bagues à secret dont l'émail révèle des images brûlantes, les lourdes breloques et les boîtes d'écaille pleines d'*excellent négrillo de la Havane.*

A chaque page de son livre, il croque de jolies silhouettes féminines, ici c'est *un déshabillé décent avec un corset de basin attaché par devant avec des rubans roses.* Plus loin, c'est une *robe de mousseline des Indes brodée en fleurs de lys d'or et dessinant à ravir des formes voluptueuses.* Ailleurs, Esther le reçoit *dans un état ravissant, un joli bonnet de batiste avec un ruban bleu clair ornant son charmant visage.*

Fanfreluches, brimborions, jolis riens si légers, lingeries arachnéennes destinées plutôt à exciter le désir qu'à protéger la pudeur. Etaient-elles assez jolies ces *zentildonne* avec leur col de tourterelle noué d'un velours noir ou d'un fil de perles, si blanches sous la poudre avivée par les mouches et par le rouge. Ce fard brillant *ne doit pas paraître naturel, mais faire plaisir aux yeux qui y voient les marques d'une ivresse prometteuse d'égarements et de fureurs enchanteresses.* Il y a aussi les paniers à la prodigieuse envergure, la dame les fait bouffer d'un air coquet pour franchir le seuil, elle les retrousse pour monter en gondole et les défripe d'une pichenette : le grand panier couvert de dorures, de pierreries, de fourrures et de fleurs en porcelaine, dont l'ampleur fait valoir la petite tête poudrée, la taille fine et le pied mignon. Les voyez-vous dans les tableaux de Longhi, le tricorne sur l'oreille, manier l'éventail, écouter un sonnet, recevoir un billet de Sigisbée, déguster une tasse de chocolat ou s'ébaudir devant le rhinocéros d'une ménagerie. Elles paraissent plus mignonnes encore dans ces immenses palais dont les murs vont du rose évanoui de la rose fanée au rose pourpre de la framboise et de l'œillet, pareils à des manteaux d'impératrice de Byzance. Les traînes balaient les dalles de marbre, les bouches font la moue devant les miroirs gravés, entourés de rocailles ; c'est l'époque du mauvais goût délicieux. Sur les meubles peints se déploient des rubans, des fleurs, des papillons ; les commodes de laque verte ou rouge ont de triples ventres, des Chinois y gambadent parmi les soleils, les pagodes et les cerfs-volants ; tout est fleuri, contourné, tarabiscoté, maniéré jusqu'à l'absurde : « ce ne sont que festons, ce ne sont qu'astragales ». Des nègres hérissés de plumes portent des torches, le plafond des boudoirs imite des parasols ; il y a des aras ébouriffants, dans des cages hollandaises, et, au fond des jardins, une grotte de coquillages où l'eau chante parmi les mousses. Voyez-vous la table du souper ? Au centre, des singes de porcelaine de Saxe portent dans une corbeille des kakis, des pastèques, des mangues si douces et des ananas échevelés. Un gant violet trempe dans un verre de cristal et sur la nappe une tache rouge (du vin ou du sang ?) brille près d'un masque noir. La cire brûlante fait éclater les bobèches, une lanterne de papier s'enflamme et tombe pendant qu'un violon ivre esquisse la dernière toccata de Baldassare Galuppi.

Casanova nous décrit avec complaisance son casino et le *salon orné de superbes glaces, de lustres de cristal de roche, de girandoles en bronze doré, d'un magnifique trumeau placé sur une cheminée de marbre blanc, tapissée de petits carreaux de porcelaine de la Chine représentant des couples amoureux. A côté se trouvait une pièce octogone dont les parois, le plafond et le parquet étaient entièrement recouverts de superbes glaces de Venise.* Il y reçoit son amie, Maria-Maddalena, la nonne de Muran qui l'attendait, habillée en garçon, derrière la statue de Colleone. Elle porte *un habit de velours rose brodé en paillettes d'or, une veste à l'avenant brodée au métier et d'une extrême richesse, des culottes de satin noir, des boucles en brillants, un solitaire de grand prix au petit doigt et, à l'autre main, une bague dont le dessus ne présente qu'un satin blanc recouvert d'un cristal.* Nous découvrons dans ses poches : *tabatière d'or, bonbonnière enrichie de perles fines, étui d'or, lorgnette superbe, mouchoirs de batiste de la plus grande finesse, imbibés plutôt que parfumés des plus précieuses essences, deux montres, des breloques étincelantes de petits diamants et enfin un pistolet... un briquet anglais d'un acier pur et du plus beau fini.*

Je termine sur cette énigmatique figure ; debout au pied du rude colosse, elle personnifie assez bien l'âme de Venise, à la fois avide et lasse, furieuse et désespérée, délicieuse et, sous le fard, déjà décomposée.

GEORGE BARBIER.

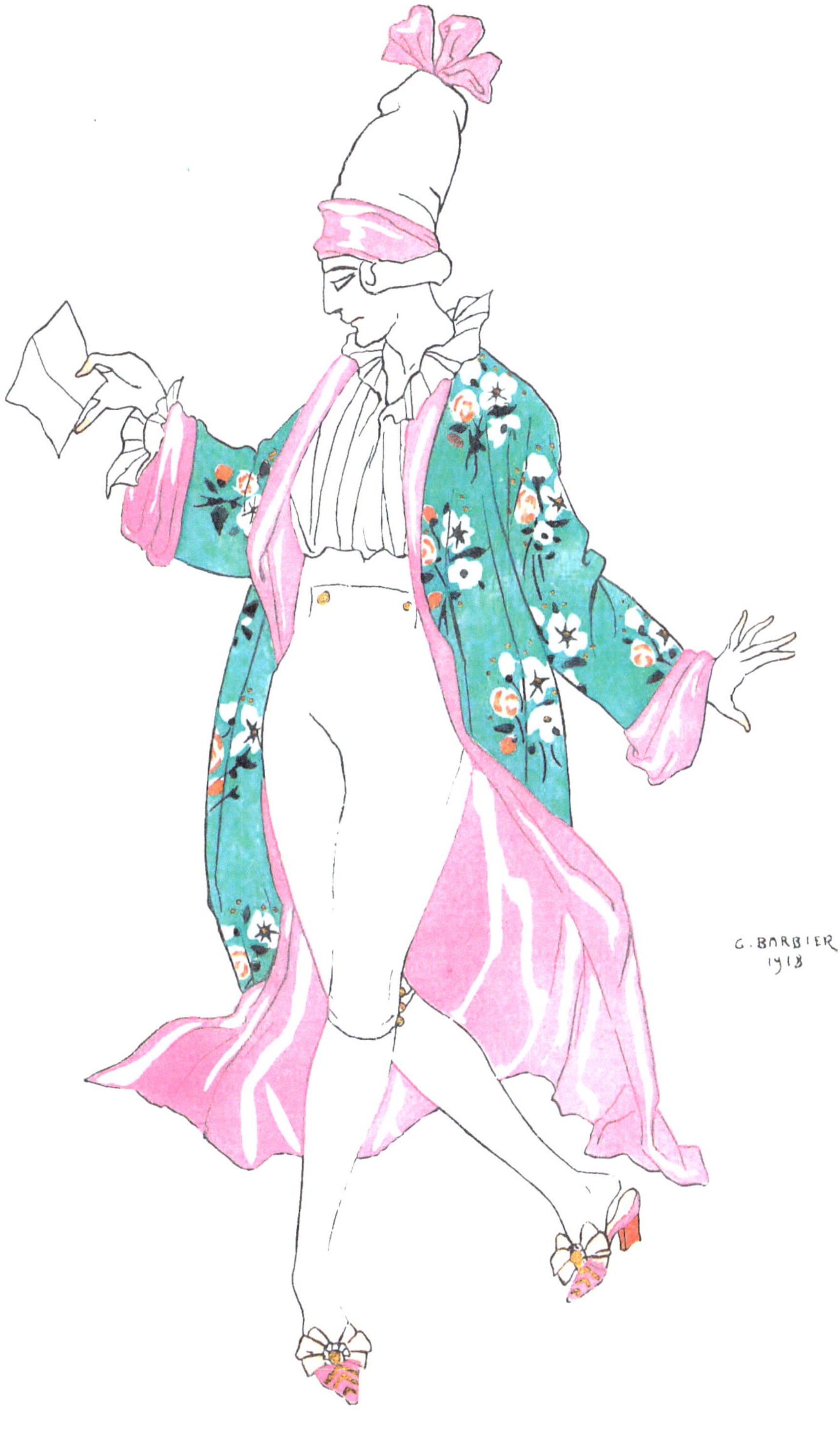

C A S A N O V A

Casanova - Planche 1

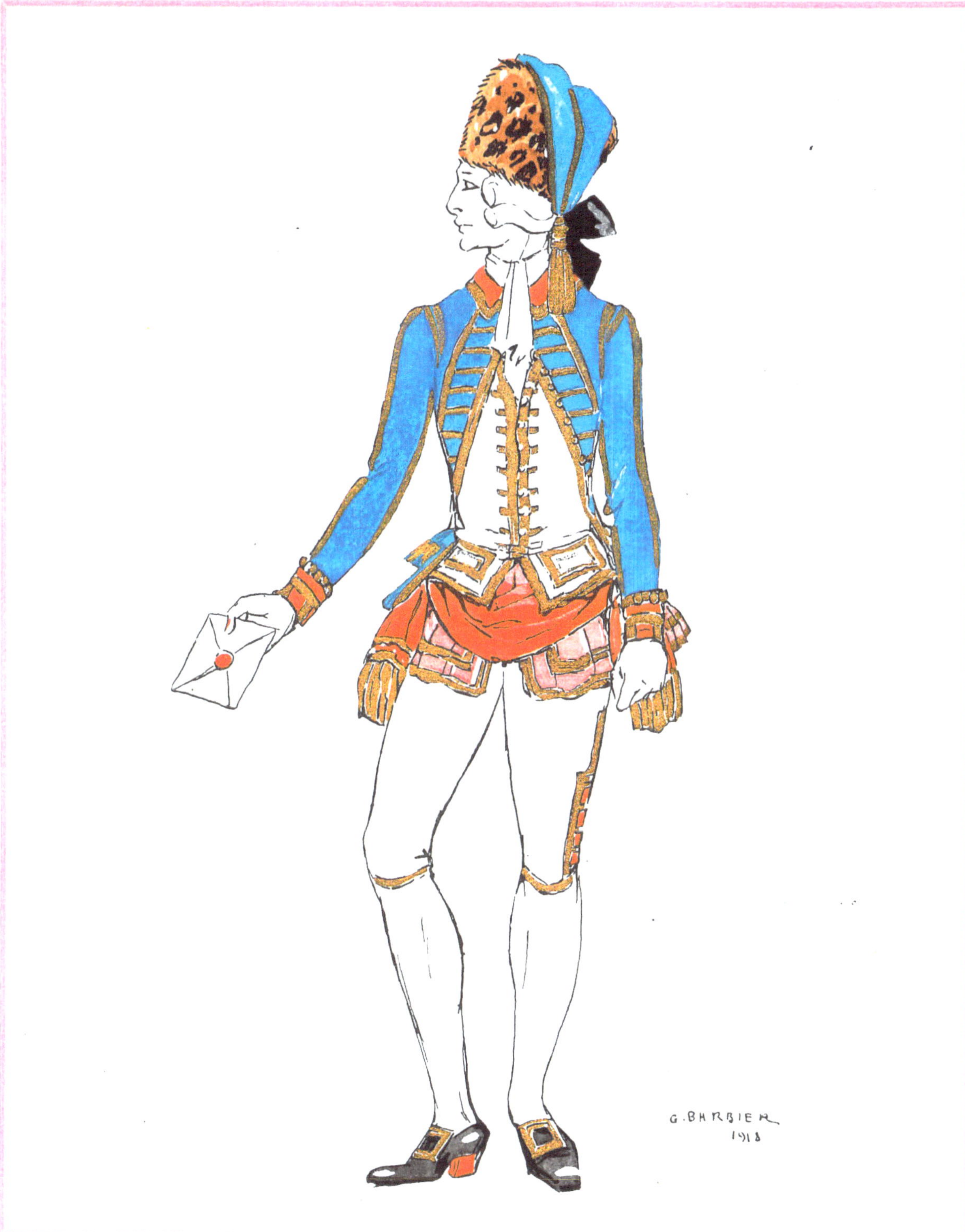

UN LAQUAIS MUET

Casanova - Planche 2

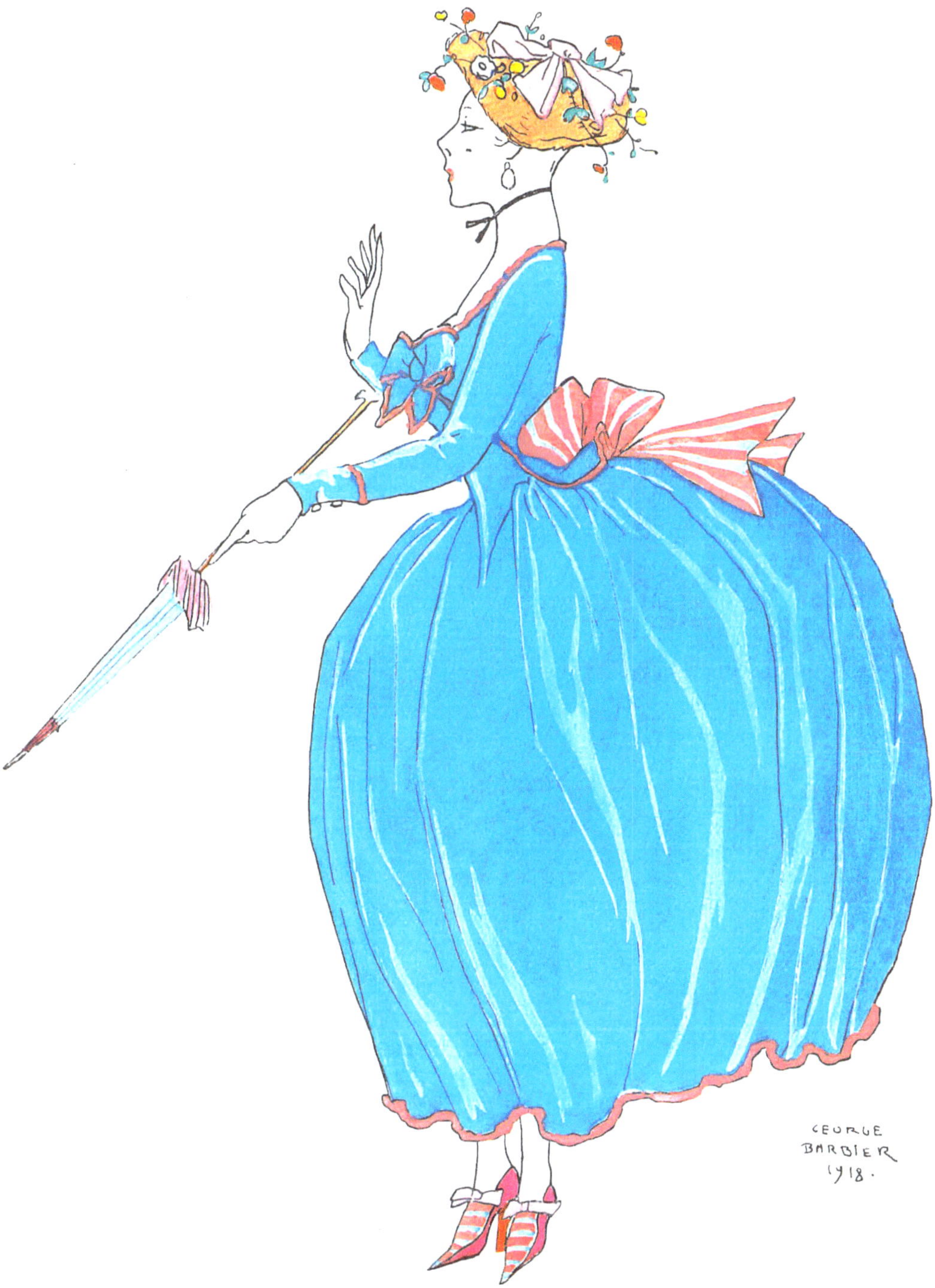

LA MARQUISE PERLINE
Casanova - Planche 3

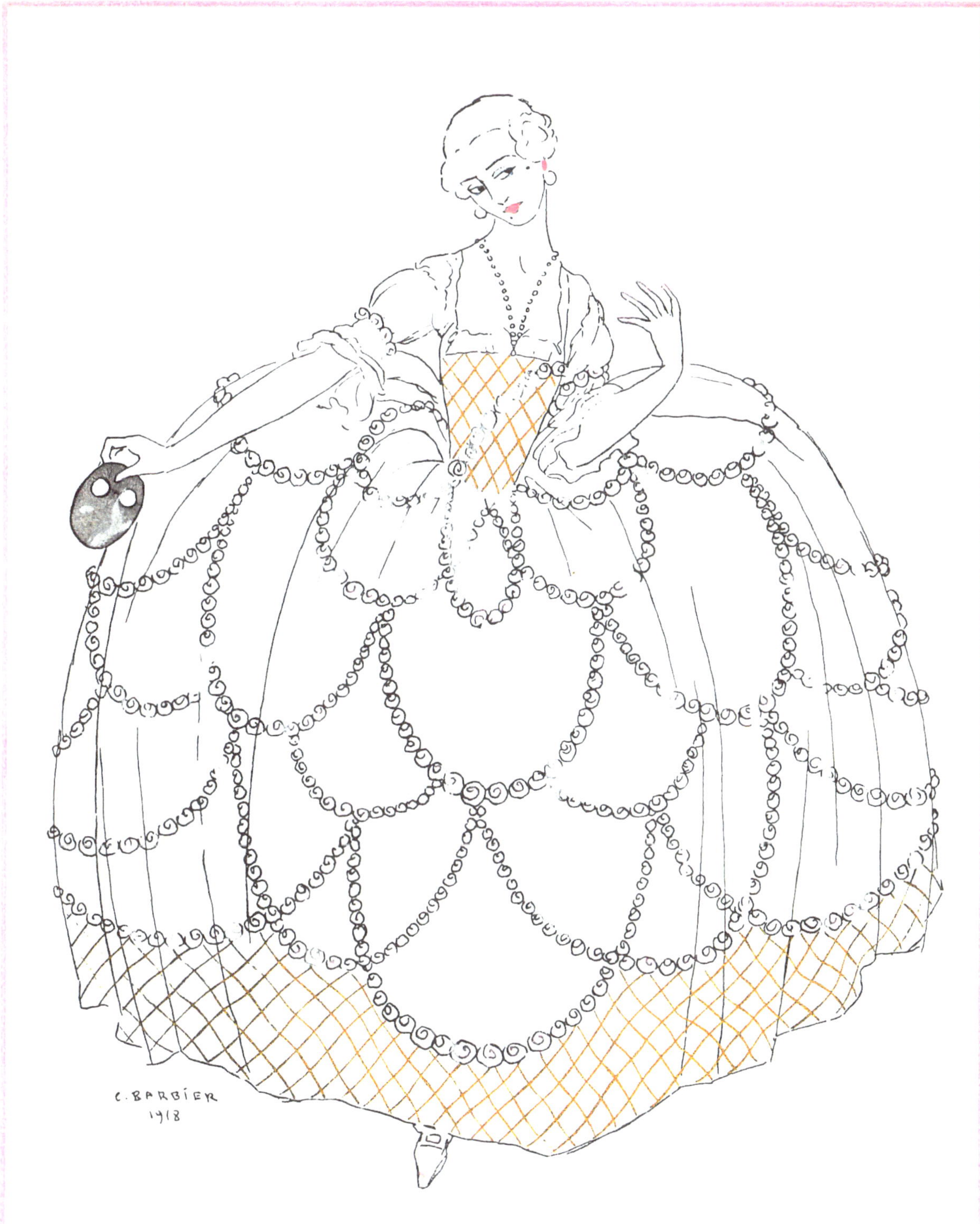

E L V I R E

Casanova - Planche 4

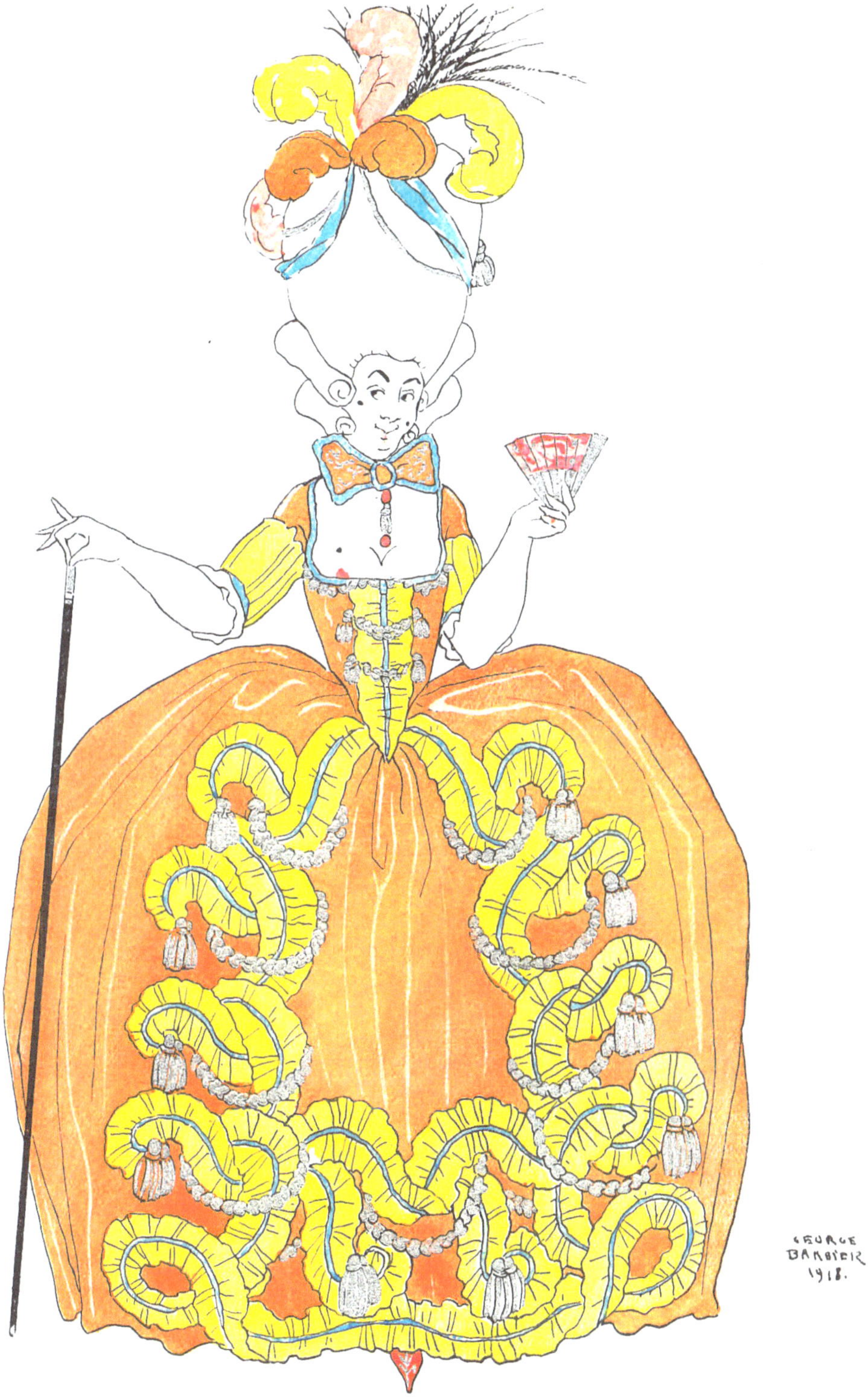

LA PRINCESSE ALDOBRANDINO

Casanova - Planche 5

Casanova - Planche 6

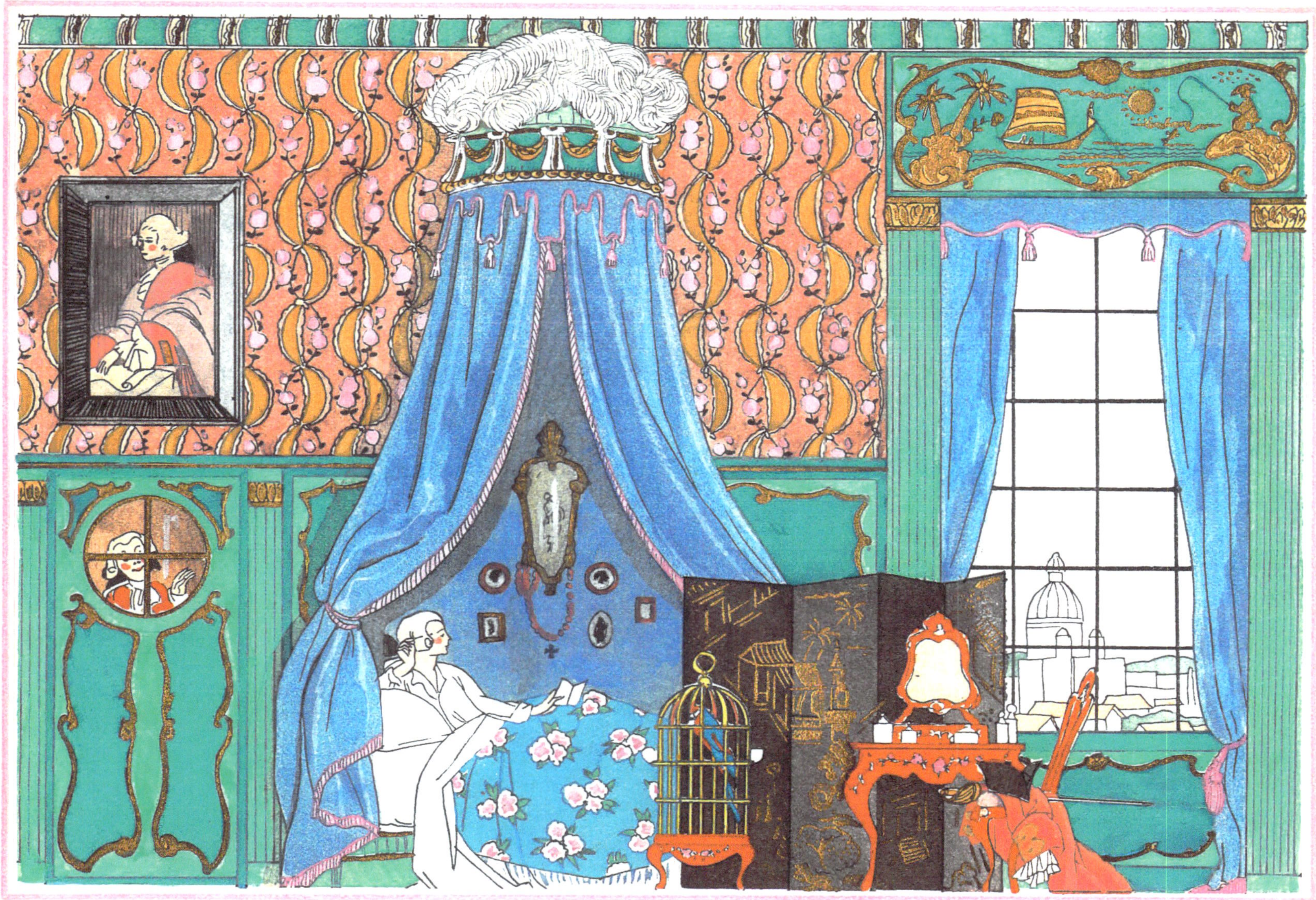

Acte 1er - La chambre à coucher d'un libertin

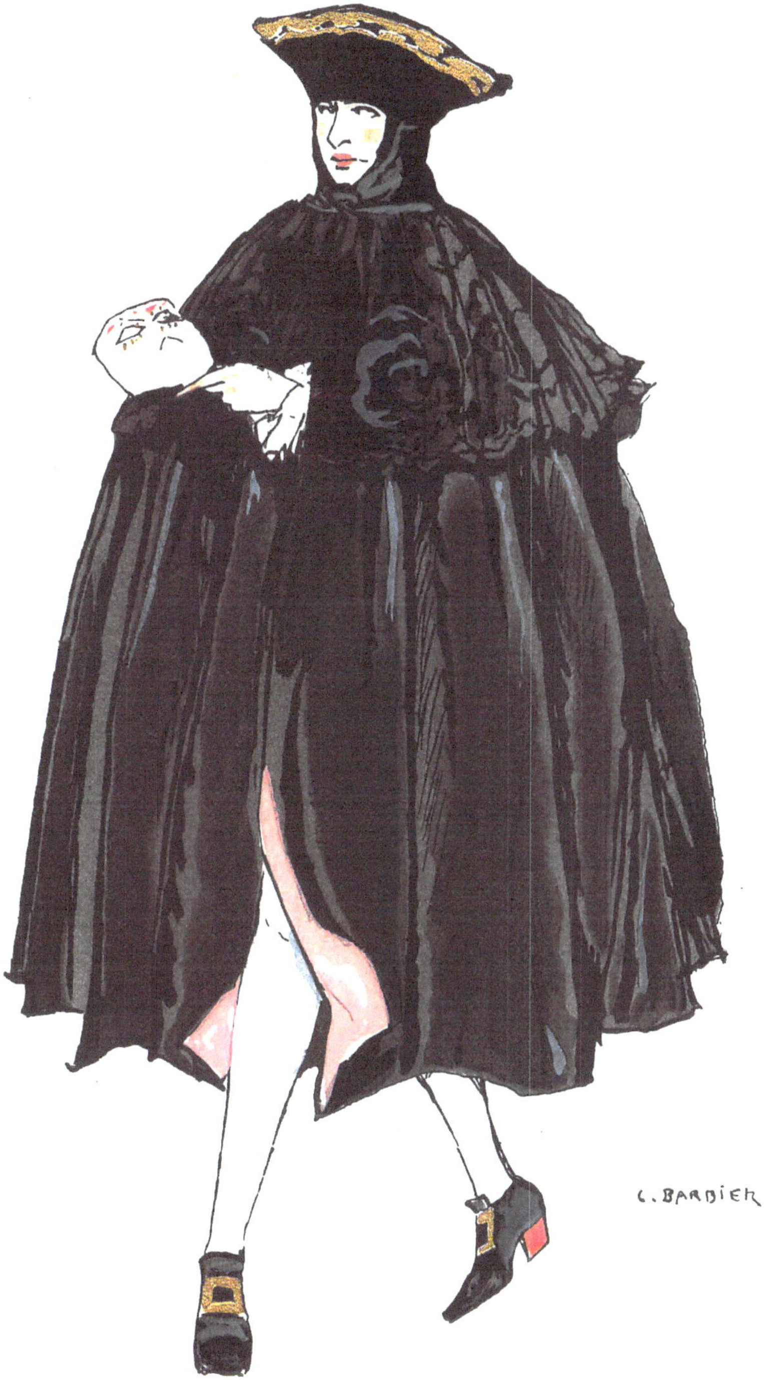

ENTRÉE DE CASANOVA

Casanova - Planche 7

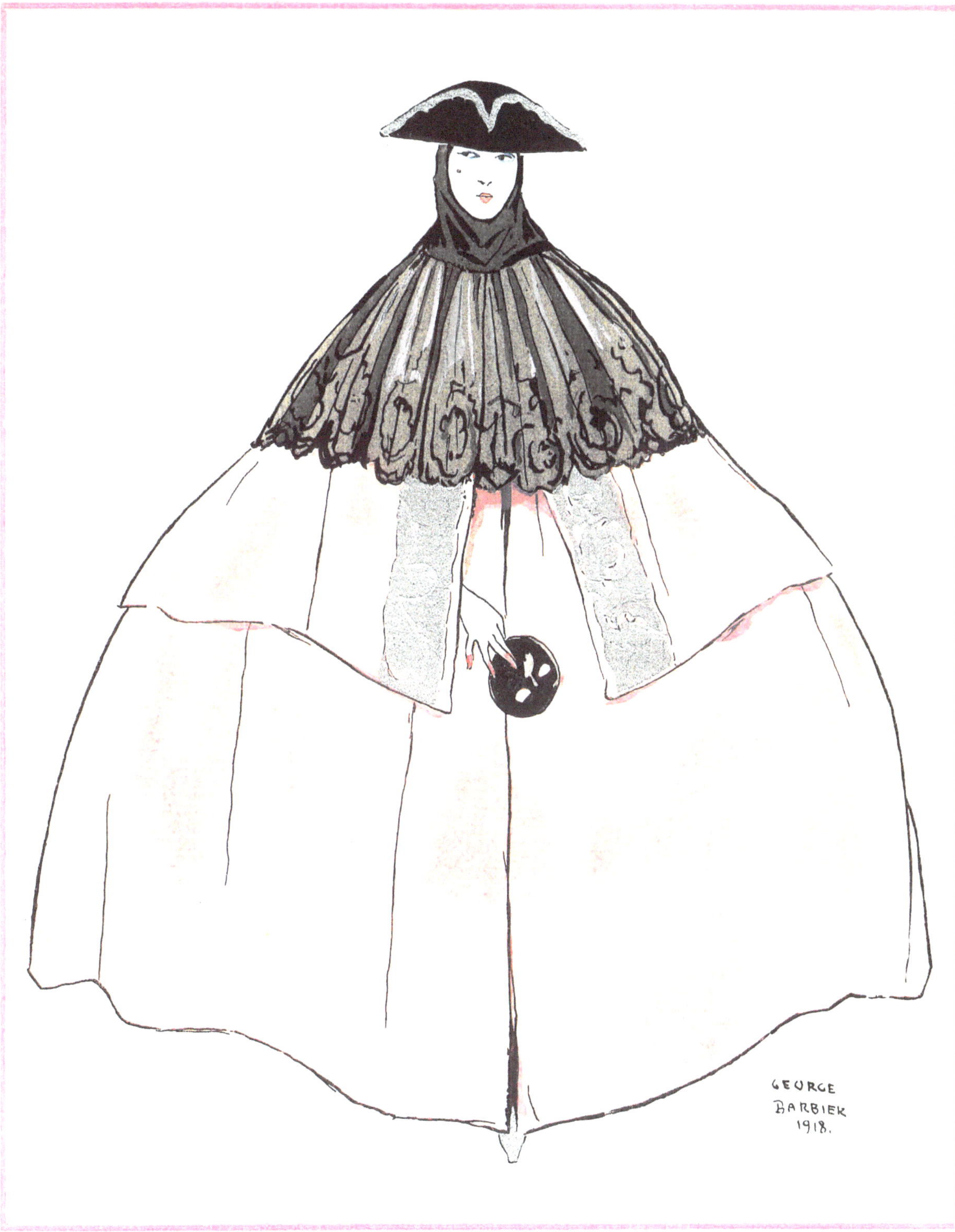

ENTRÉE D'ELVIRE
Casanova - Planche 8

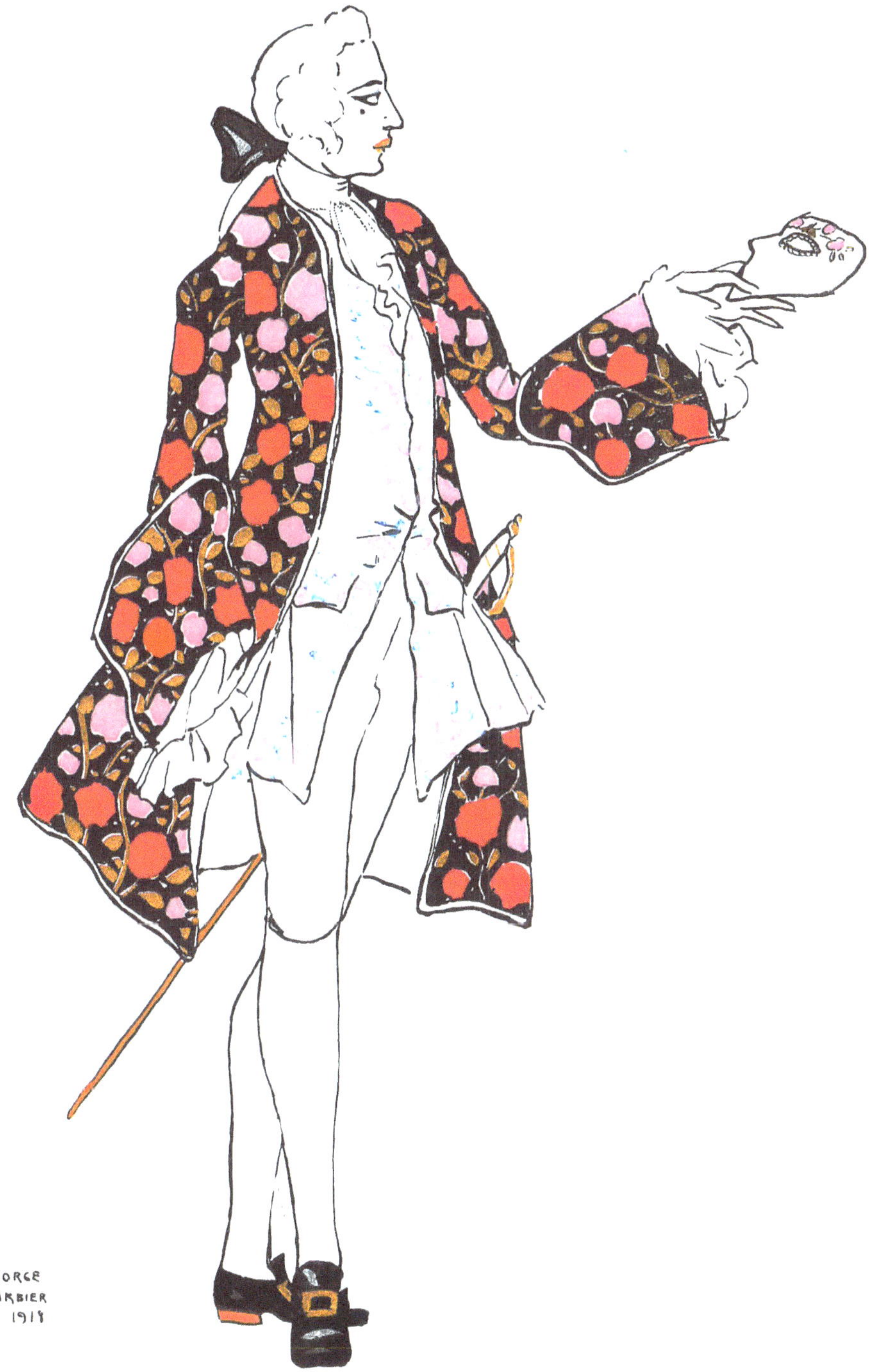

C A S A N O V A
Casanova - Planche 9

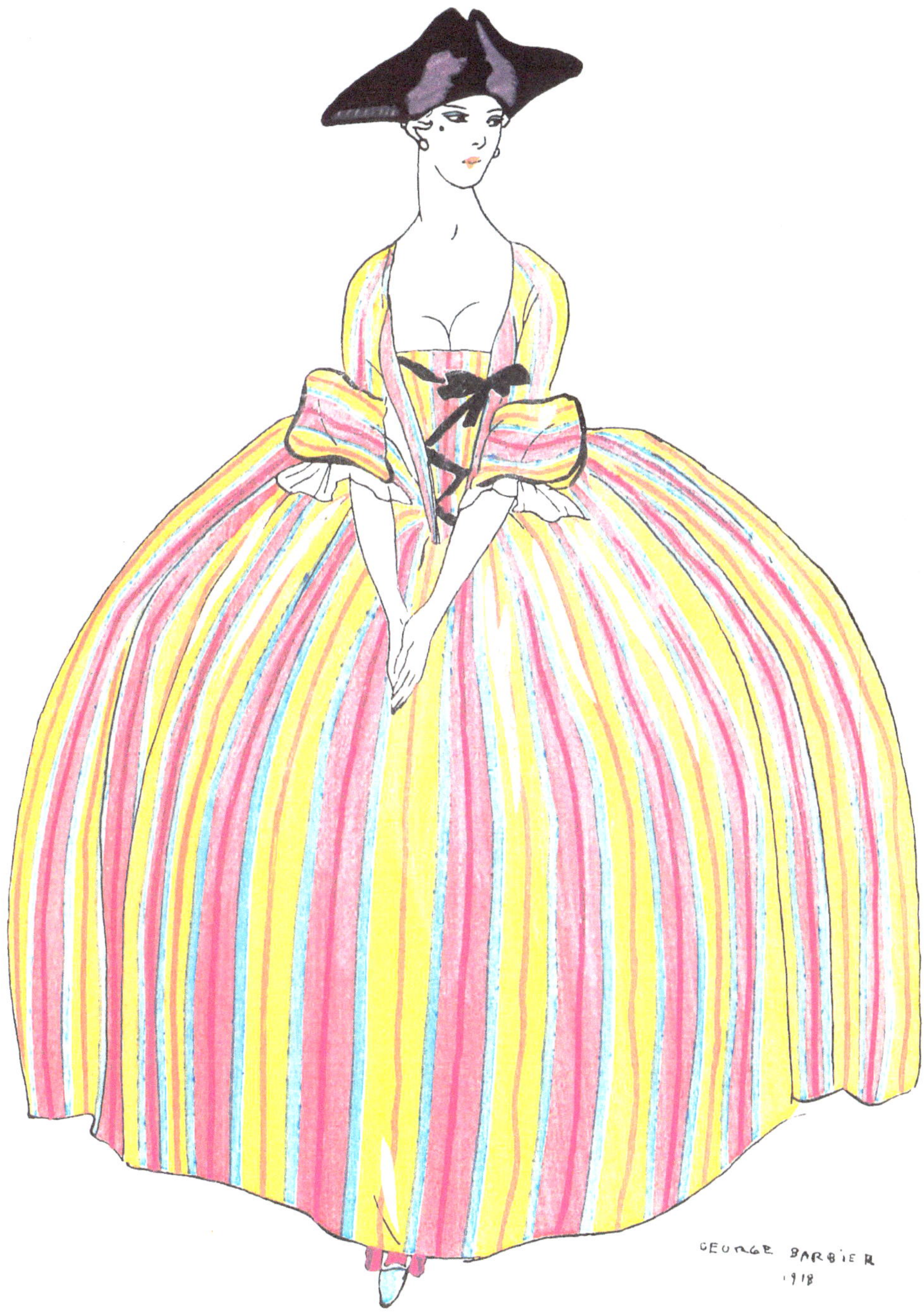

E L V I R E
Casanova - Planche 10

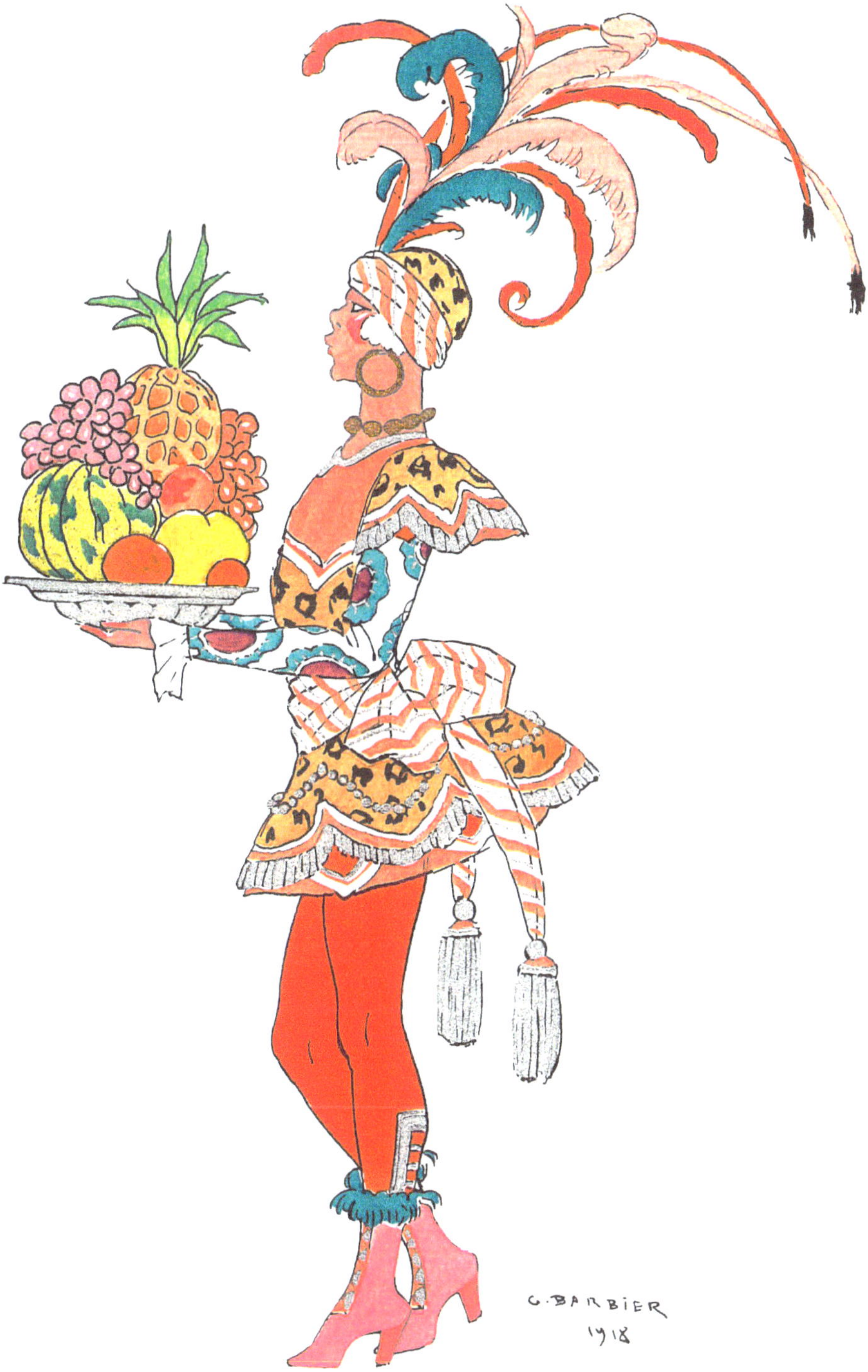

DEUX NÈGRES MAGNIFIQUES

Casanova - Planche 11

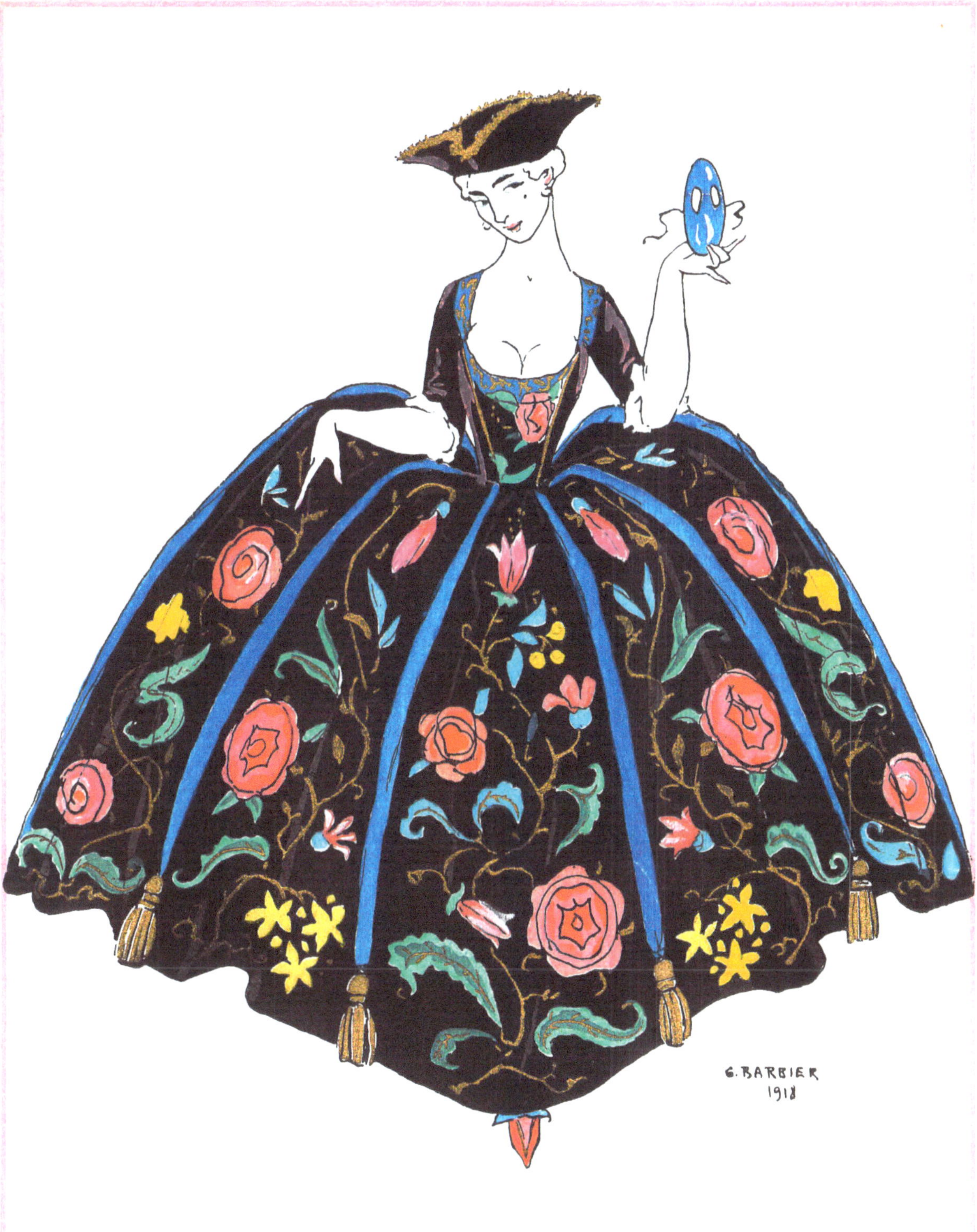

LA MARQUISE PERLINE
Casanova - Planche 12

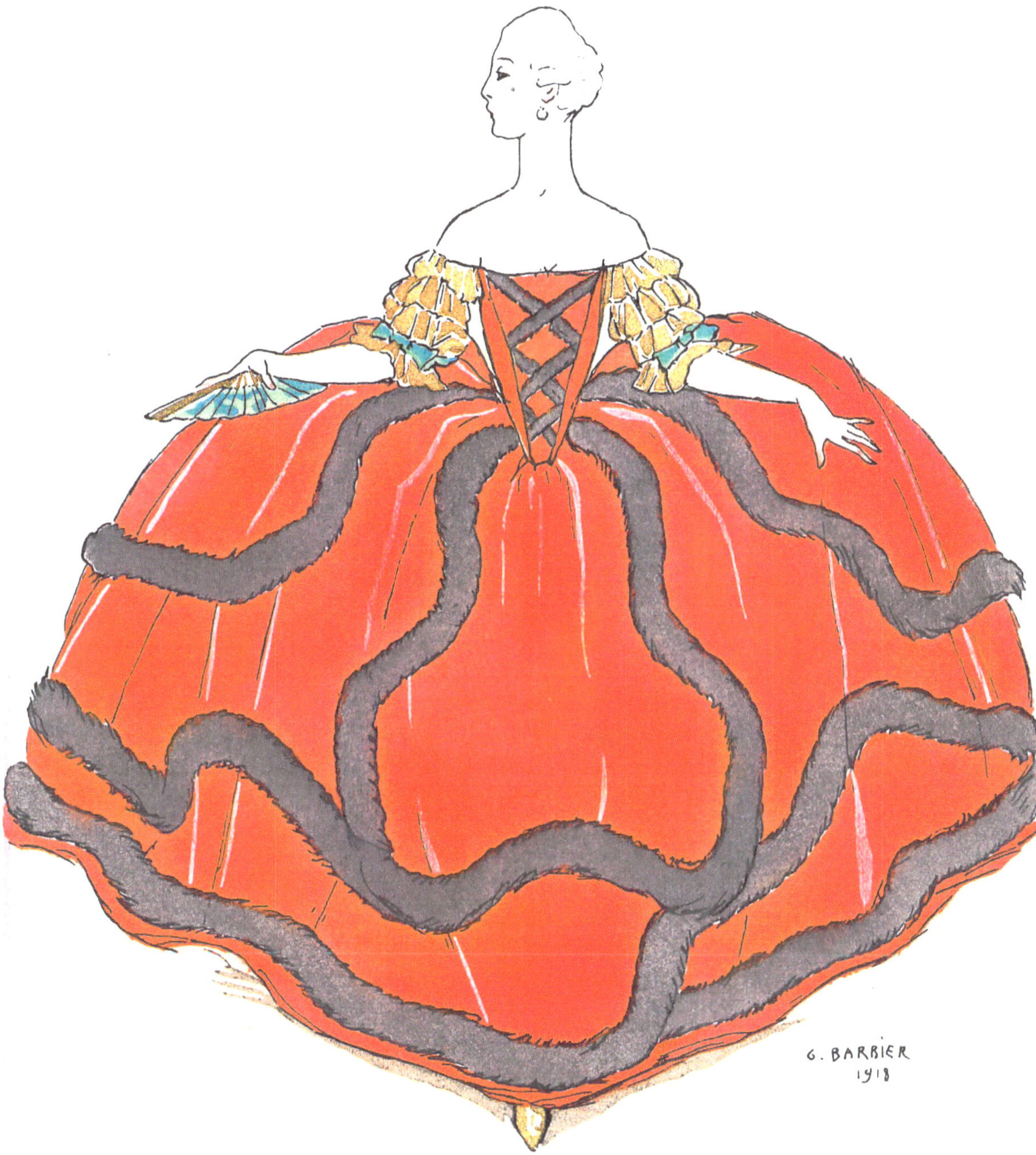

LA GRANDE-DUCHESSE

Casanova - Planche 13

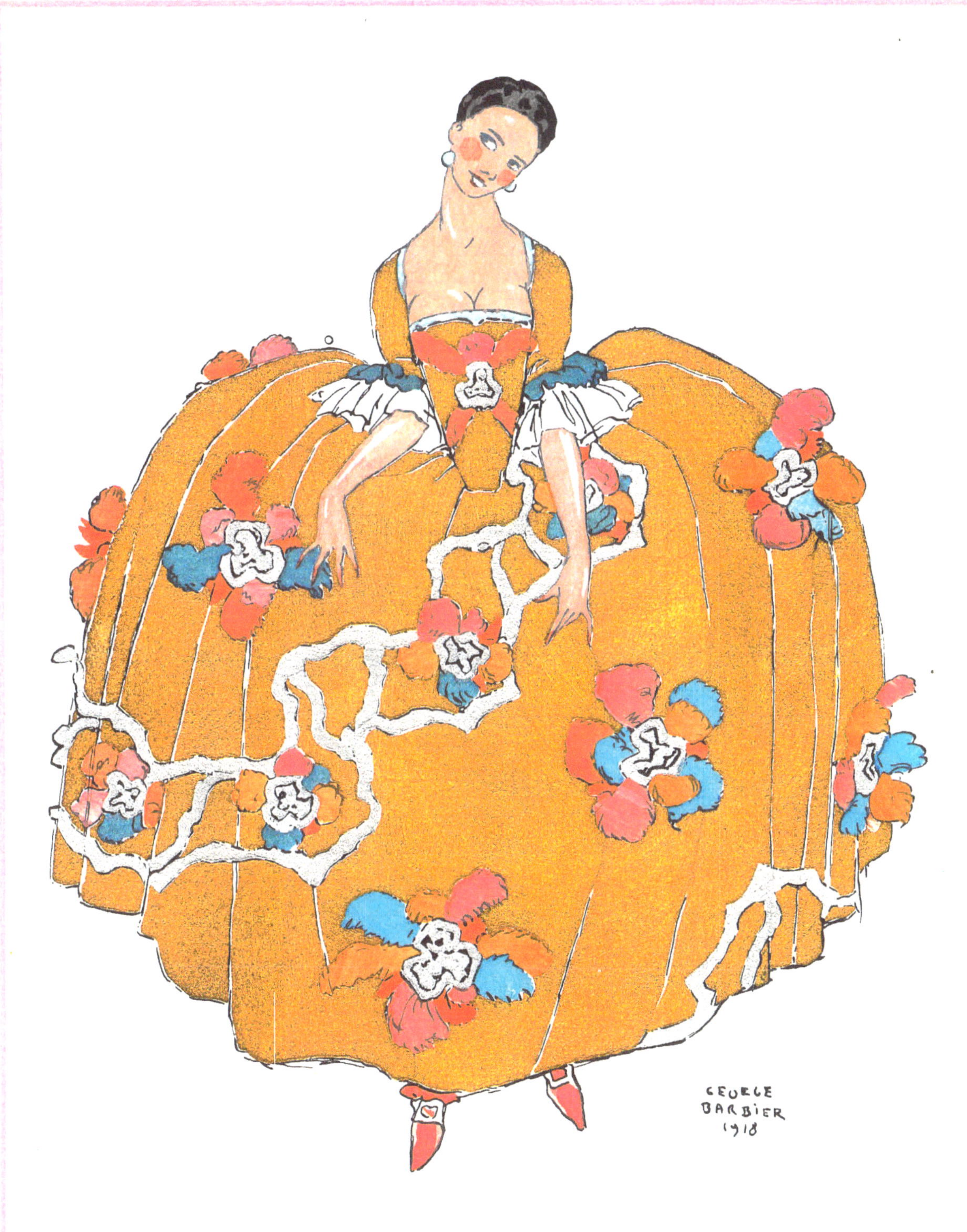

LA NÉGRESSE
Casanova - Planche 14

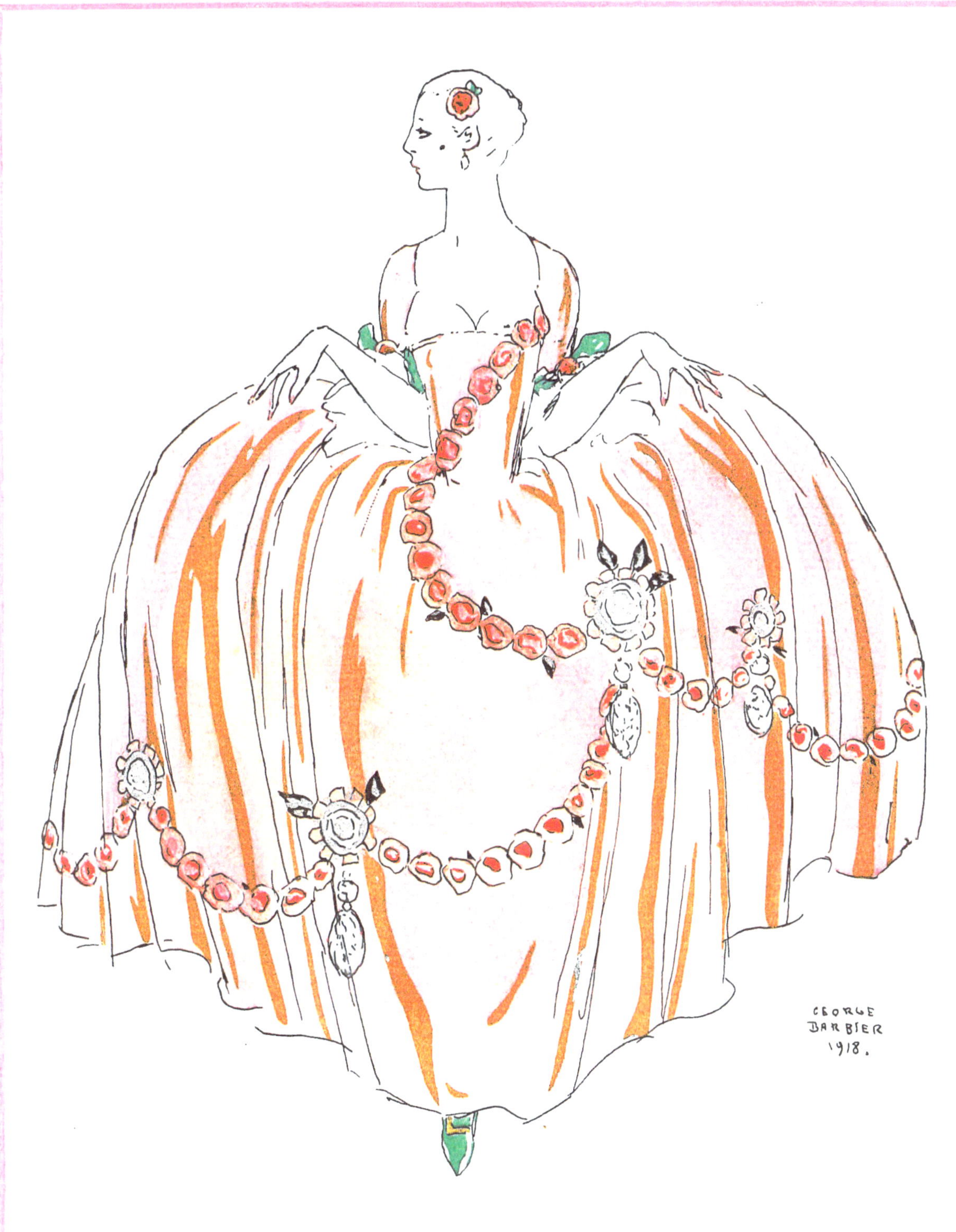

LADY HAMILTON

Casanova - Planche 15

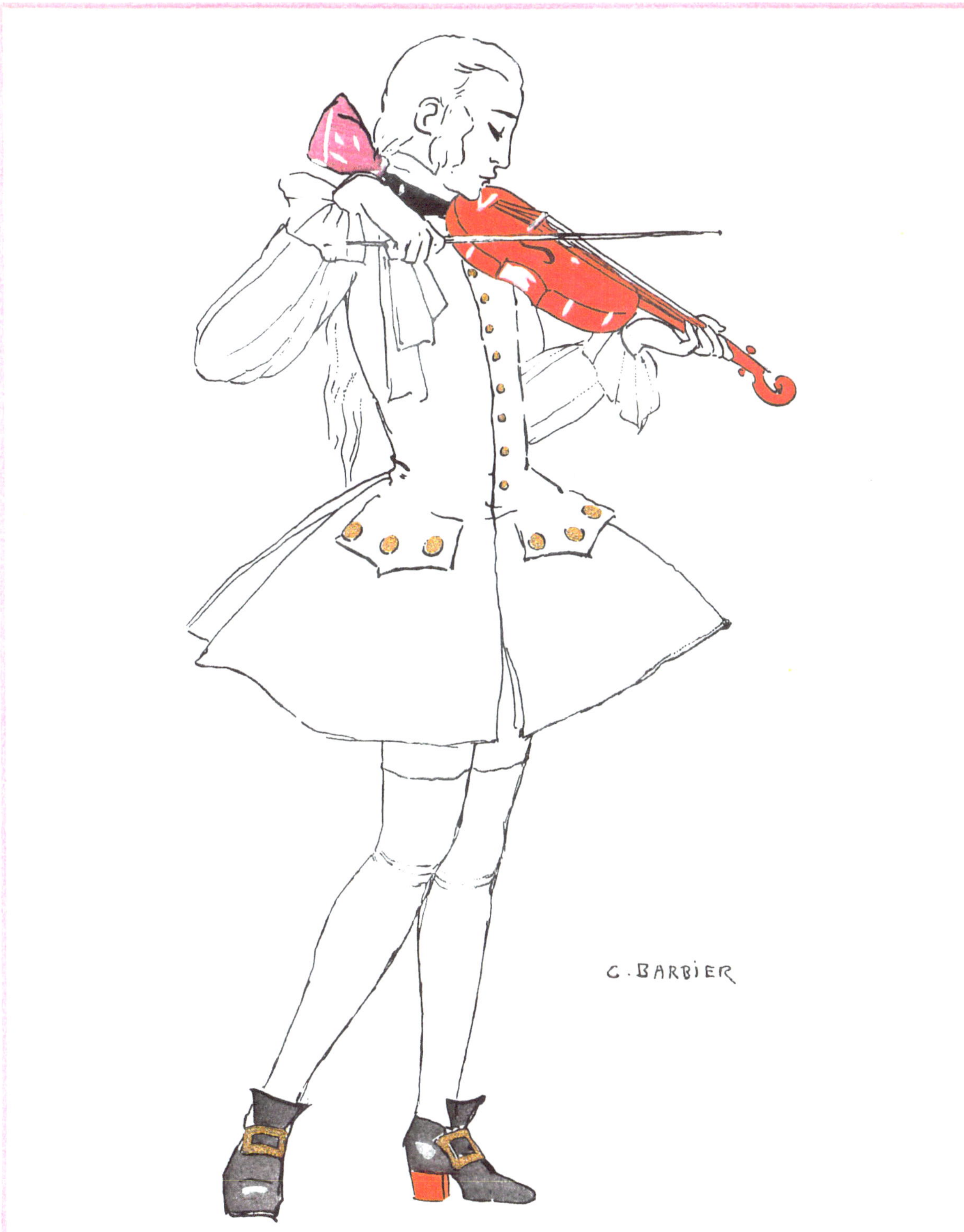

LE JEUNE MOZART

Casanova - Planche 16

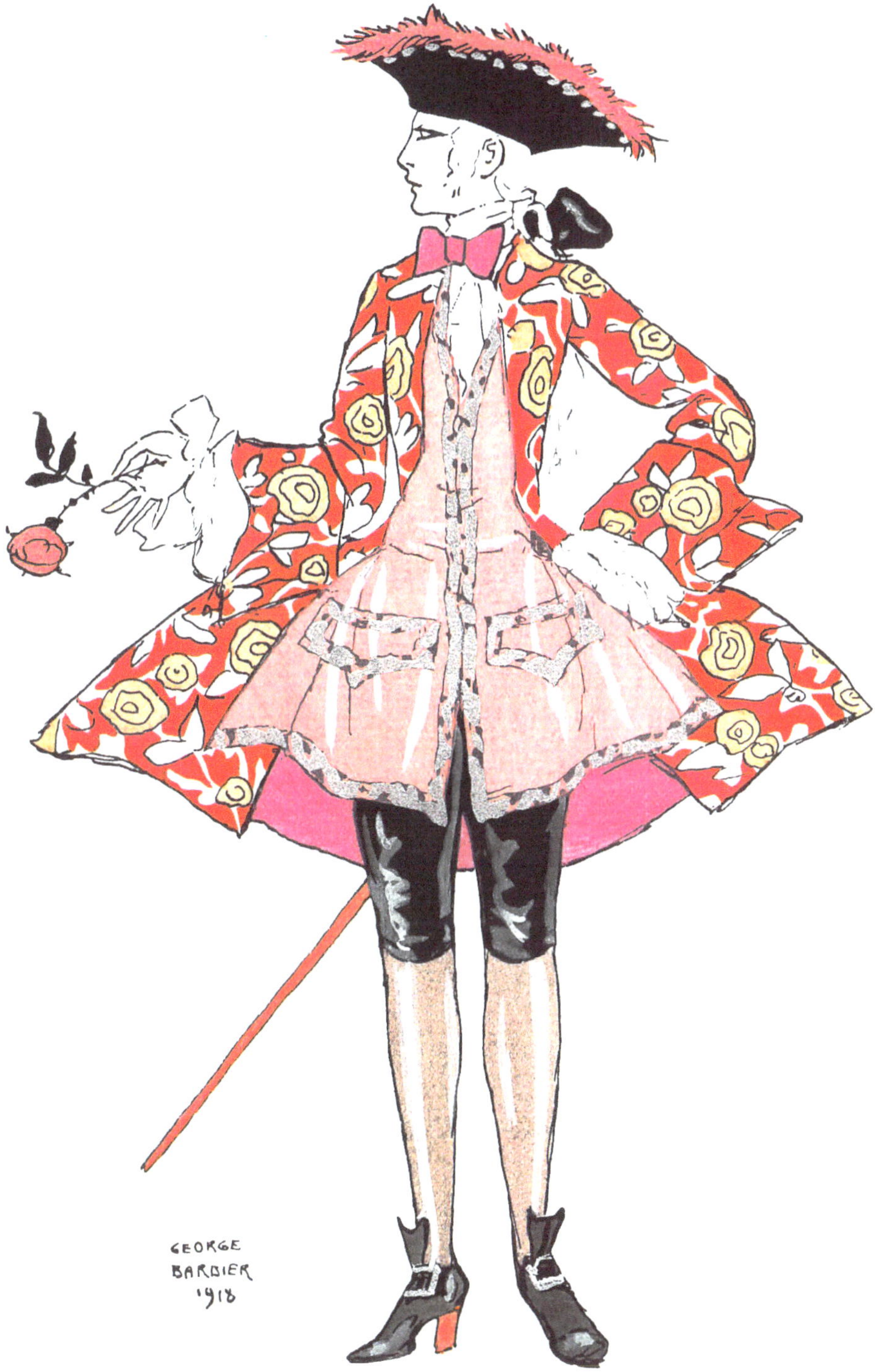

LA REINE DE BOHÊME
Casanova - Planche 17

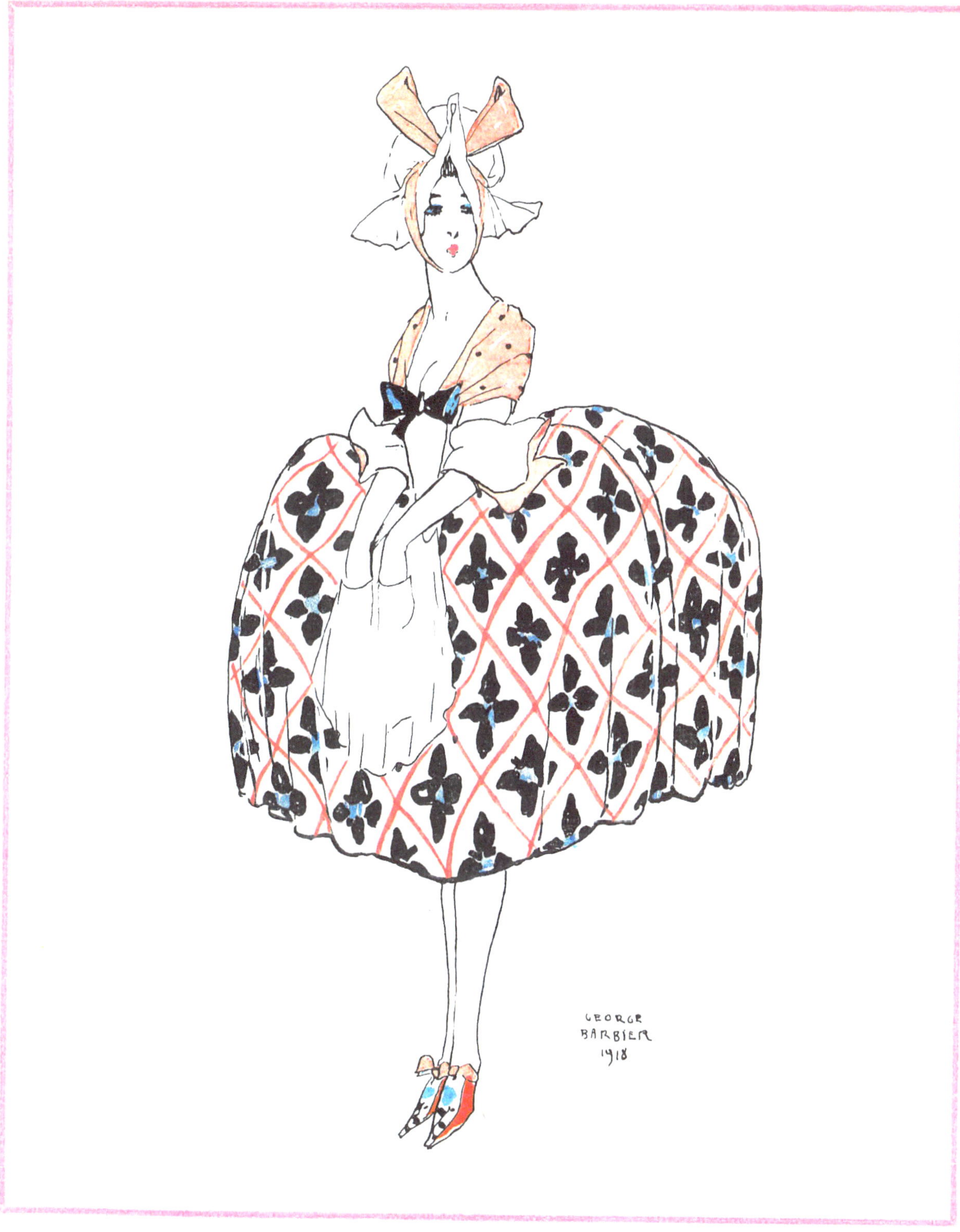

UNE SOUBRETTE
Casanova - Planche 18

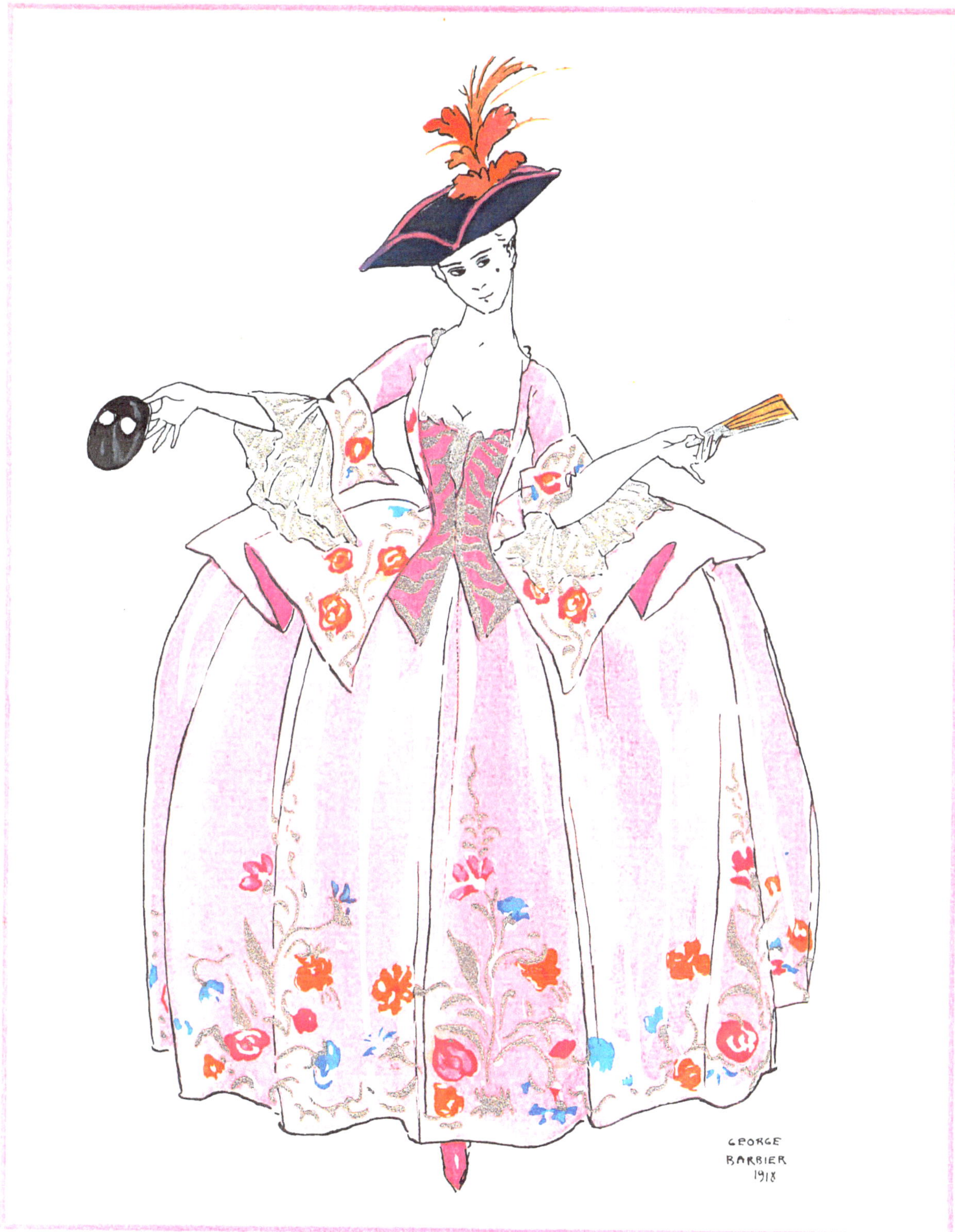

E L V I R E
Casanova - Planche 19

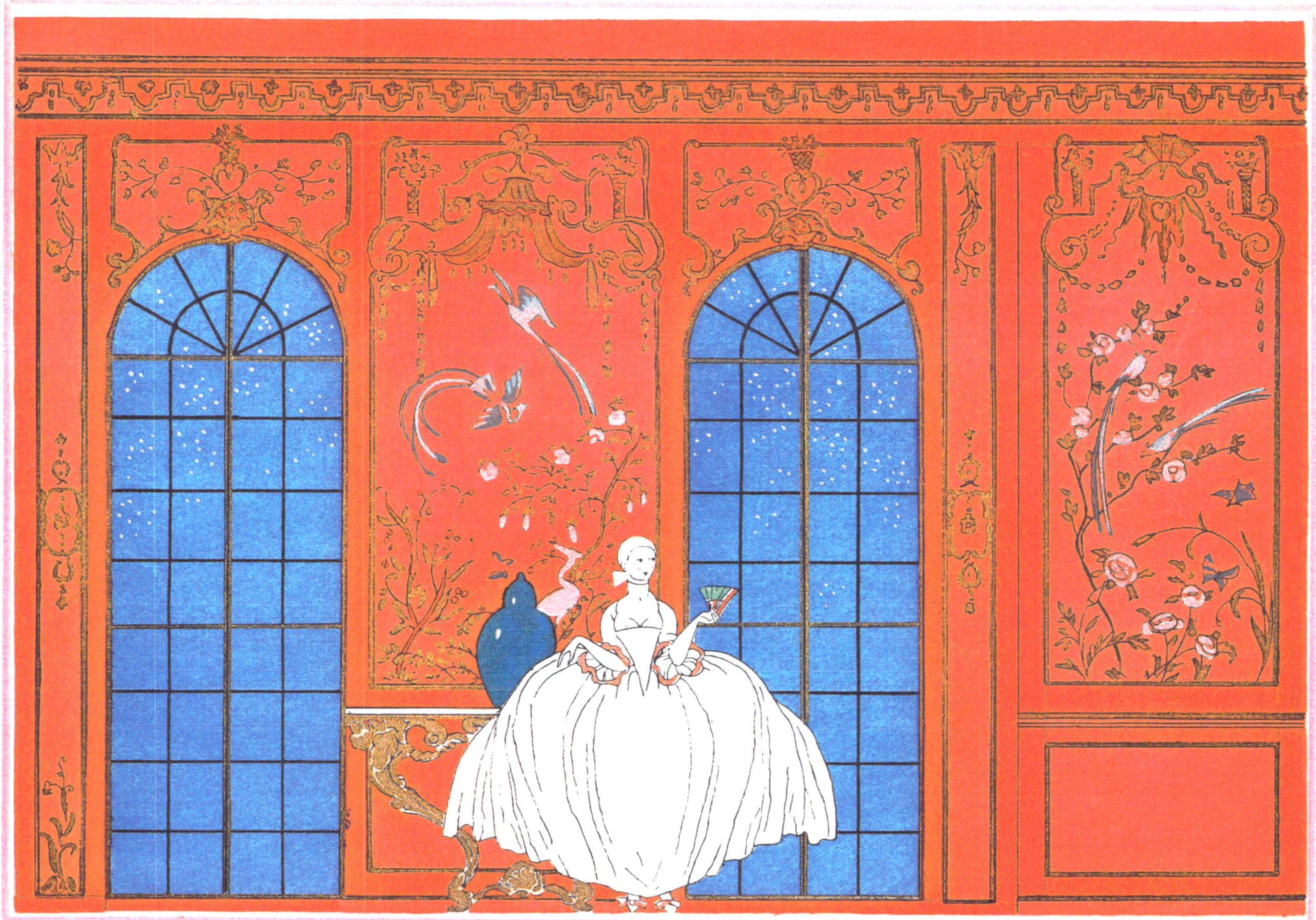

Acte 2me - Un salon dans une hôtellerie à Venise

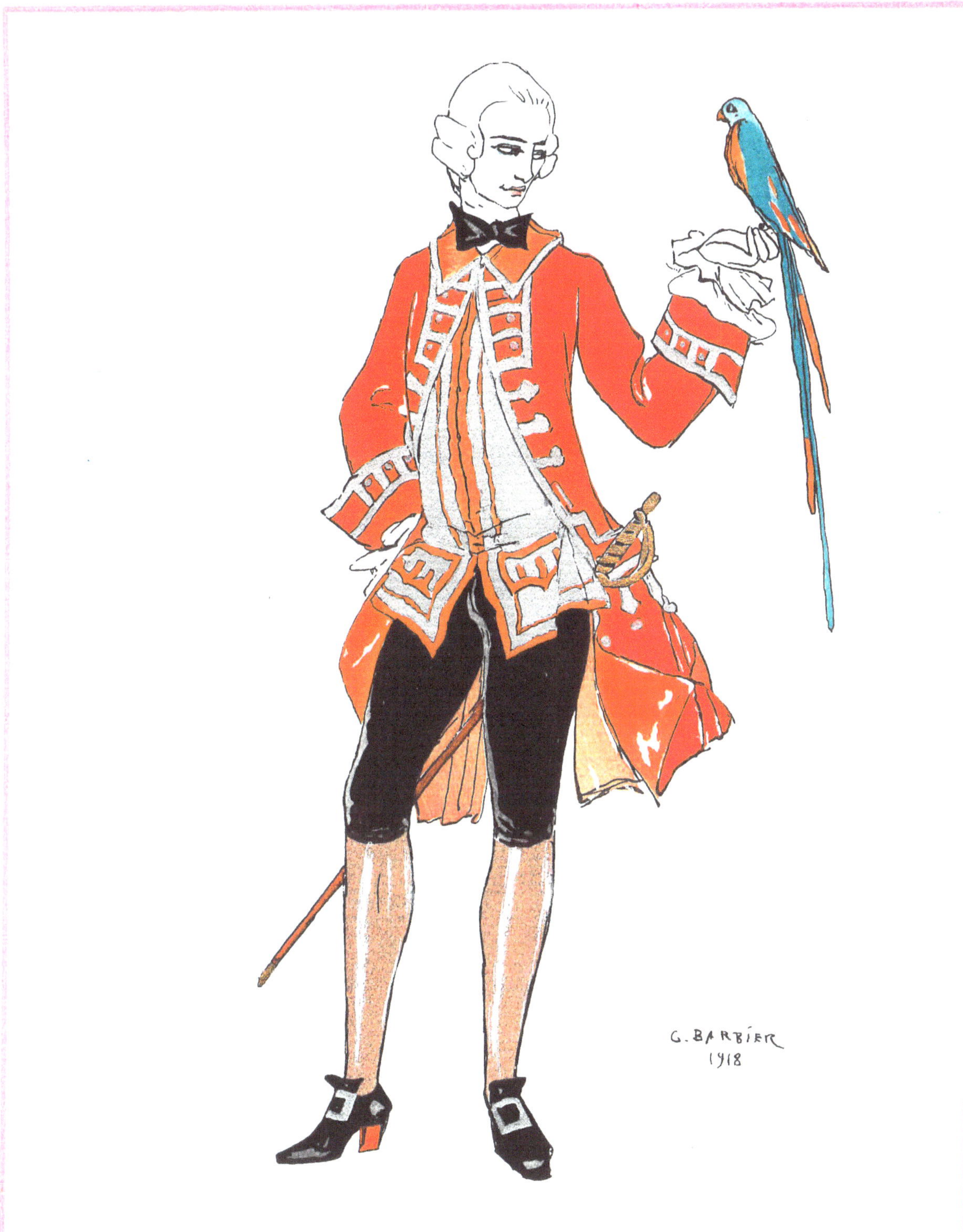

C A S A N O V A
Casanova - Planche 21

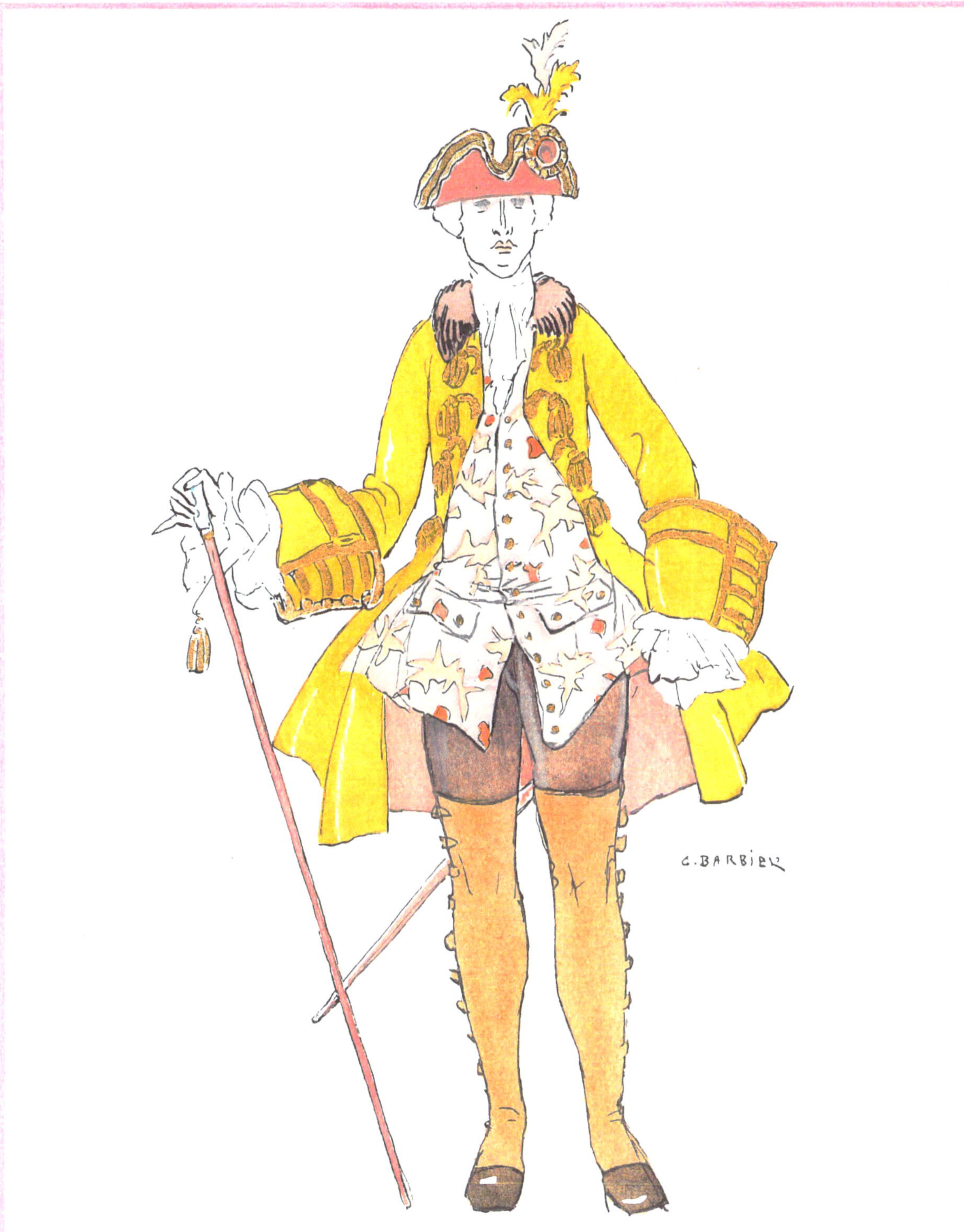

L'OFFICIER DUC

Casanova - Planche 22

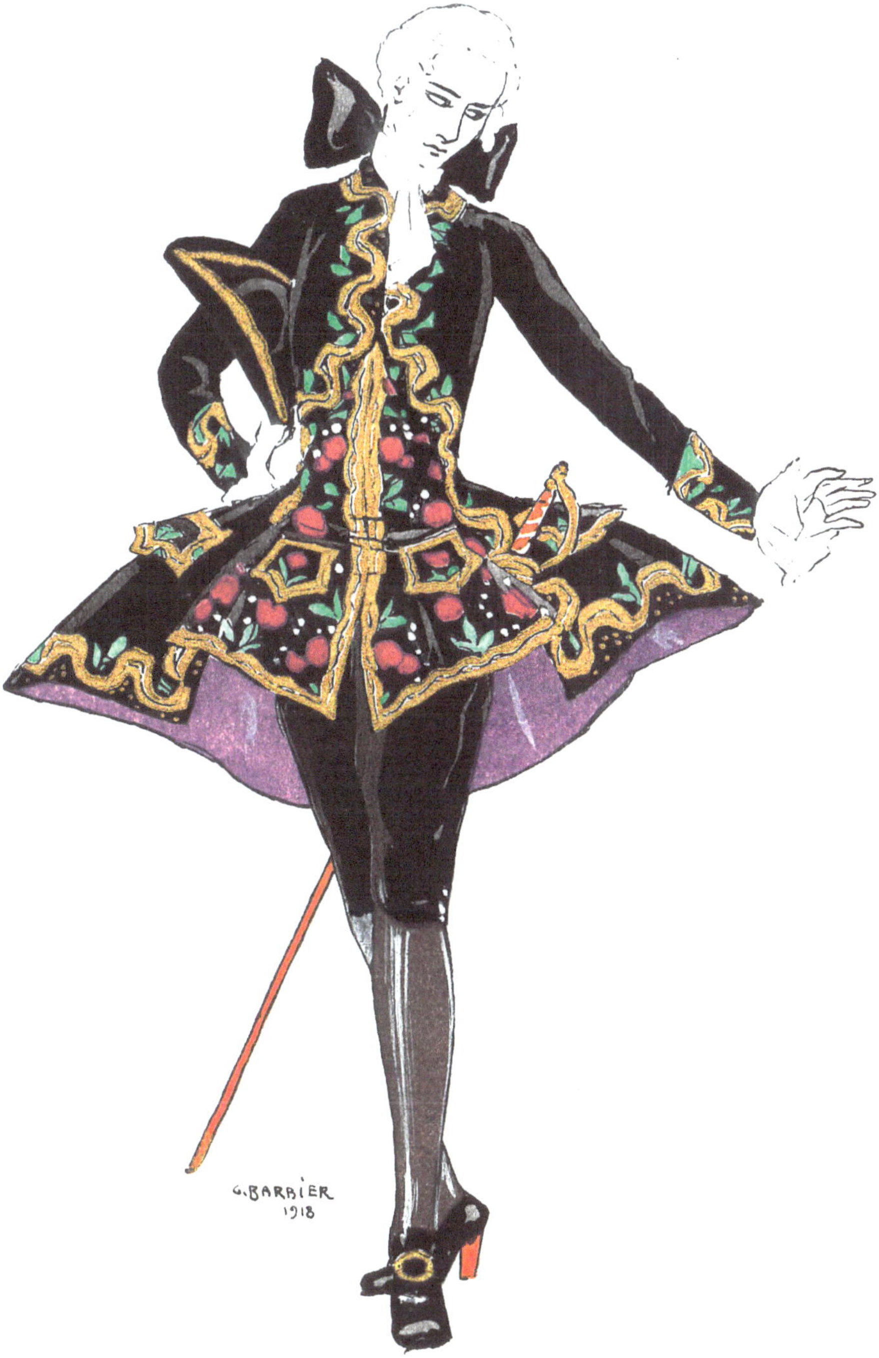

E L V I R E

Casanova - Planche 23

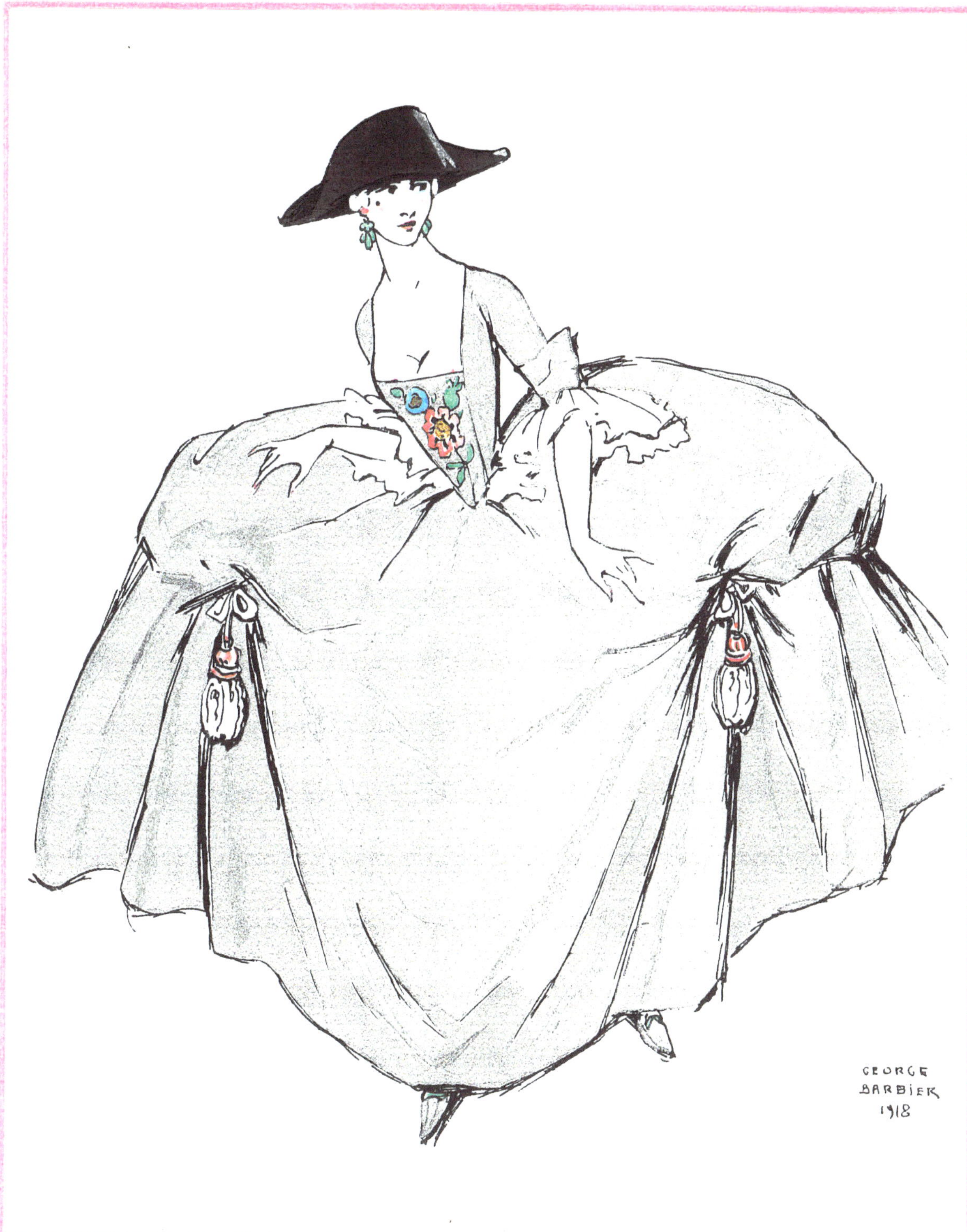

LA REINE
Casanova - Planche 24

www.ingramcontent.com/pod-product-compliance
Ingram Content Group UK Ltd.
Pitfield, Milton Keynes, MK11 3LW, UK
UKHW061033310726
14089UKWH00010B/228
9781914311000